Melanie Walker
08/01/1999

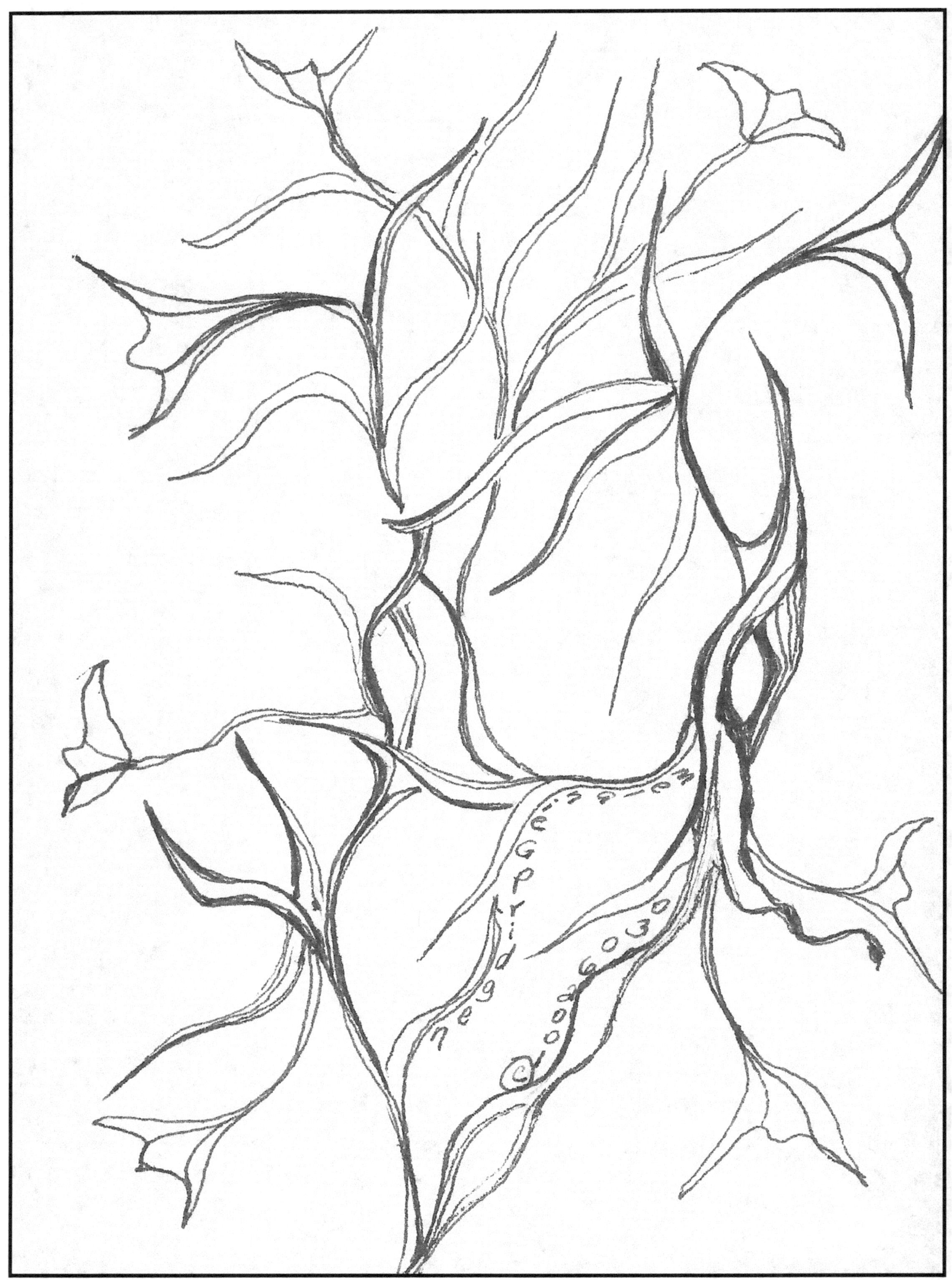

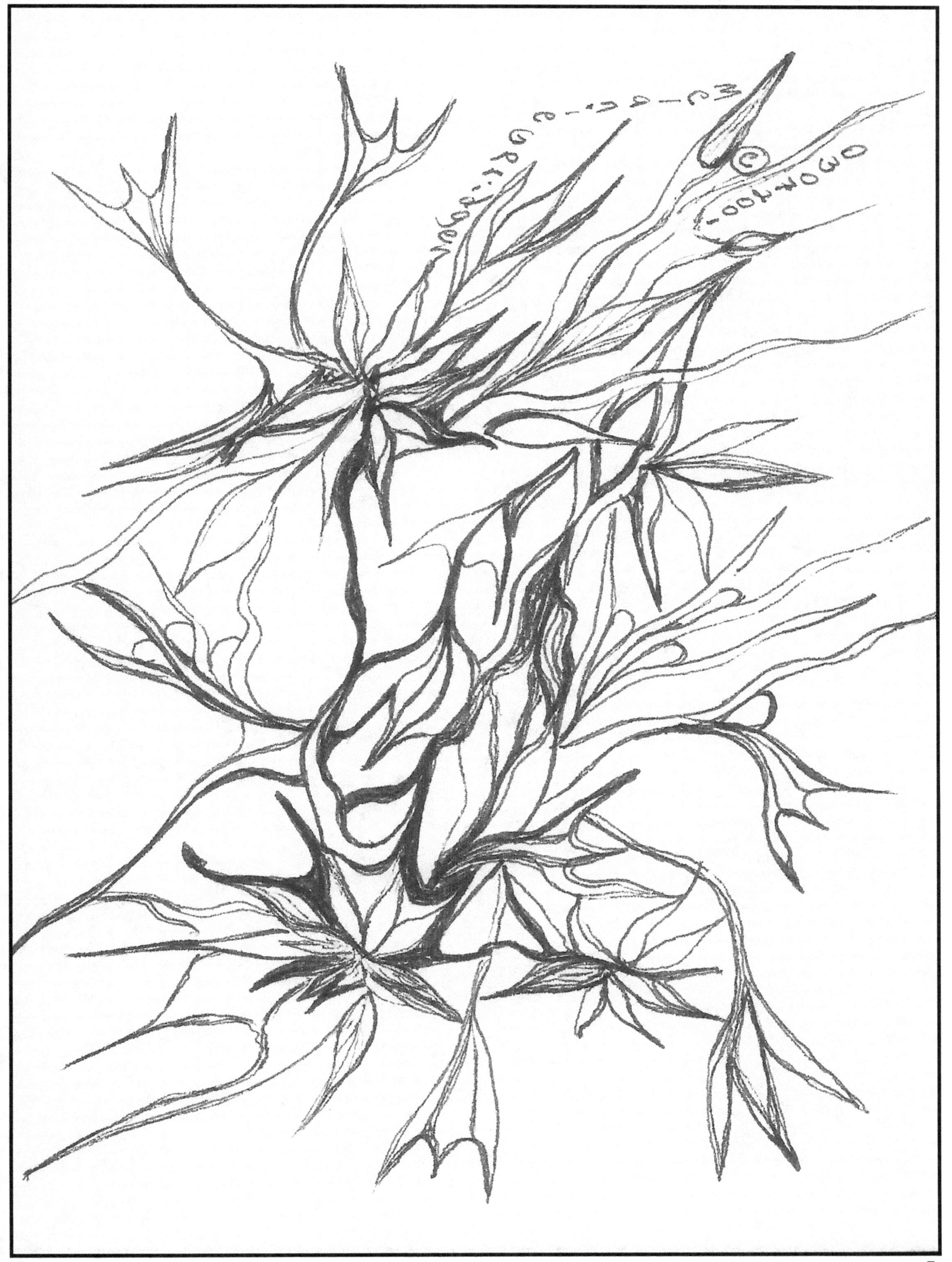

martial spirit © 1007400030

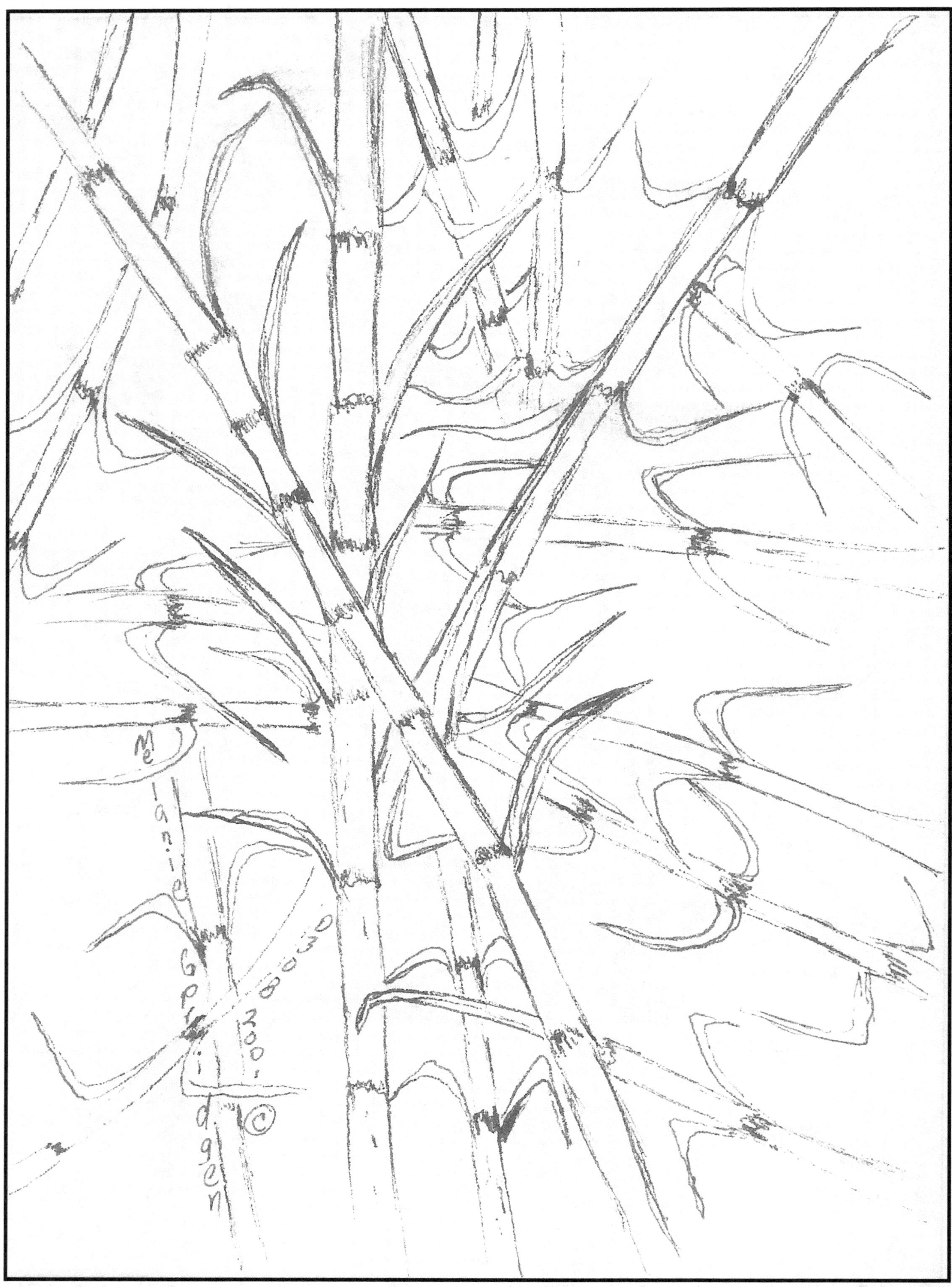

Melanie Gen
copyright 2003

Melanie Pragen
03/14/2000

Melanie Gridgeon
03.2.2.0.1

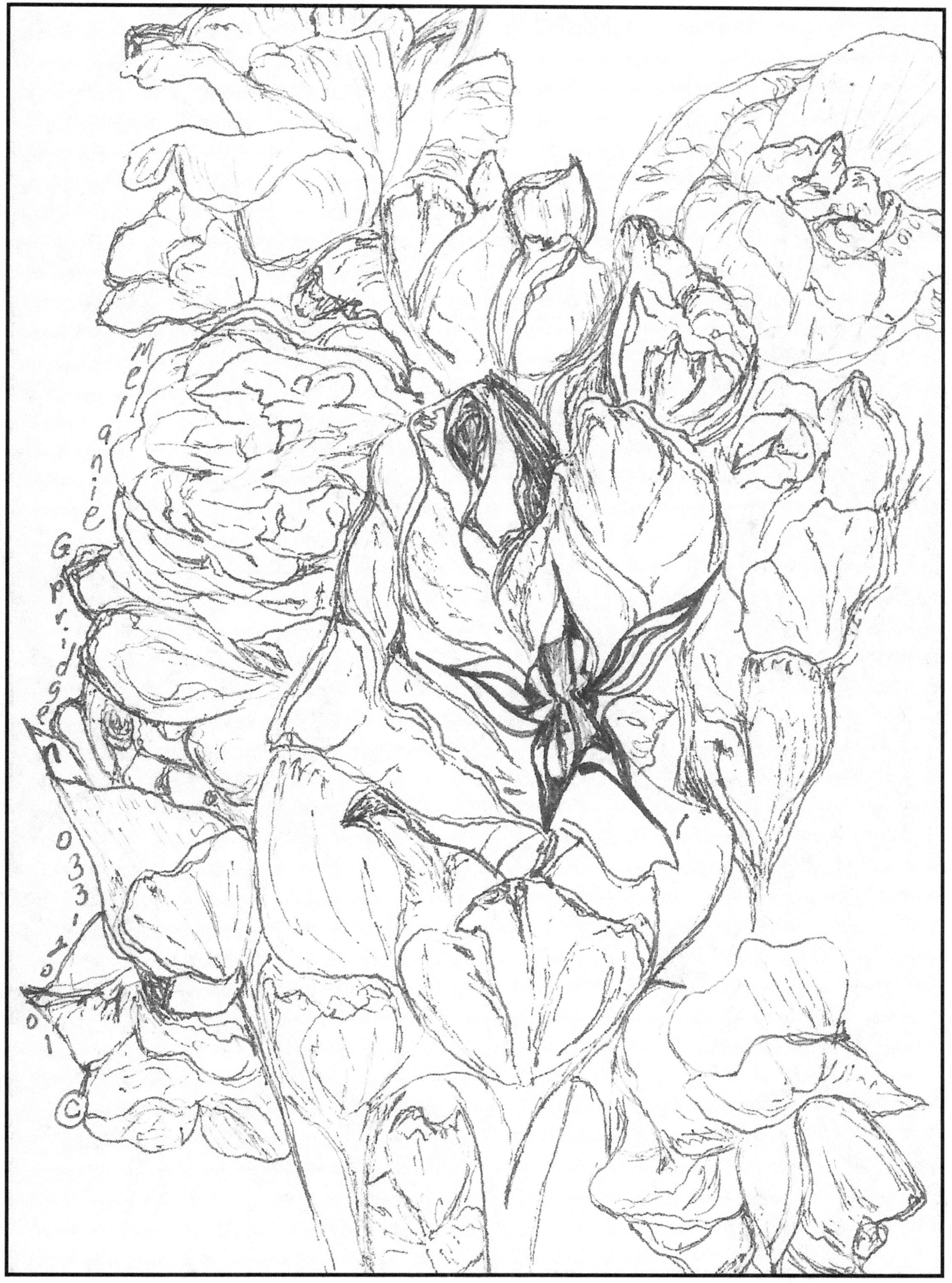

Melanie Gridges
033-10
01
©

Melissa Geldridgen 040500 ©

Melanie Pridgen 04/07/1999

Maigapidosen

MelanieGPridgen
0509
2001
©

Melanie Pridgen
05/20/2000

Melanie Lidgey
05/25/2020 ©

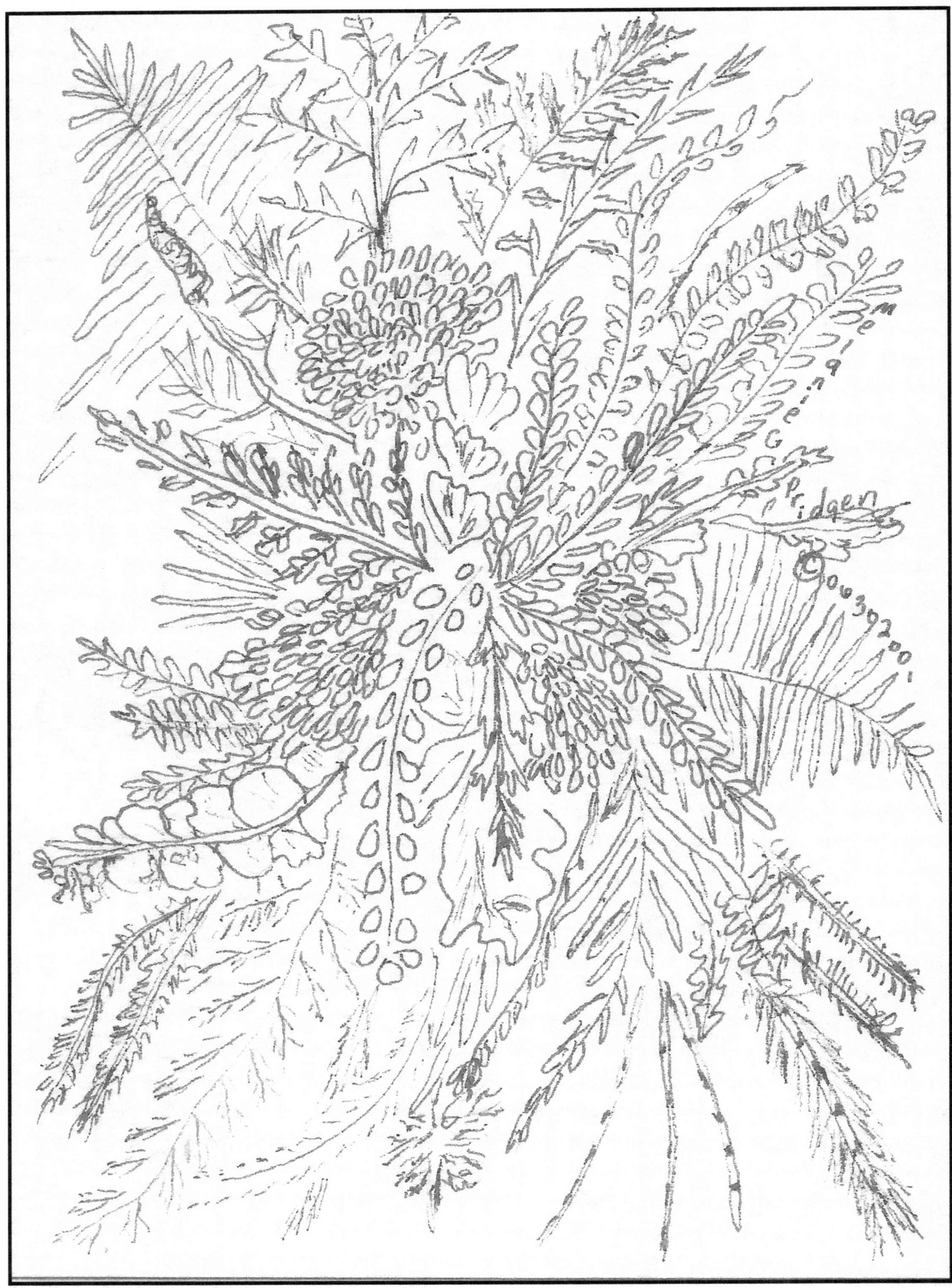

Pridgen
© 00302001

G. Pridgen Smith-Artlife © 2001

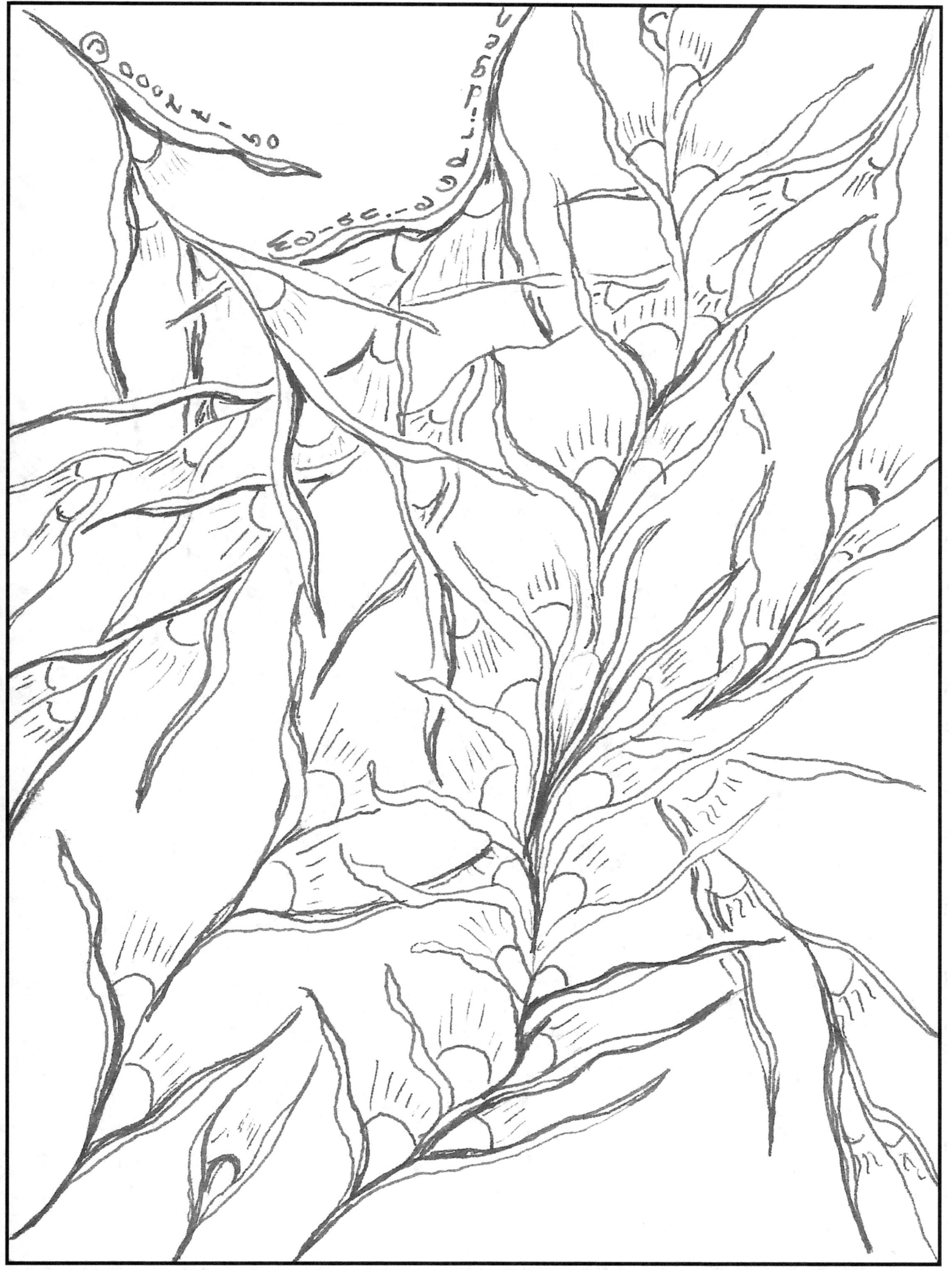

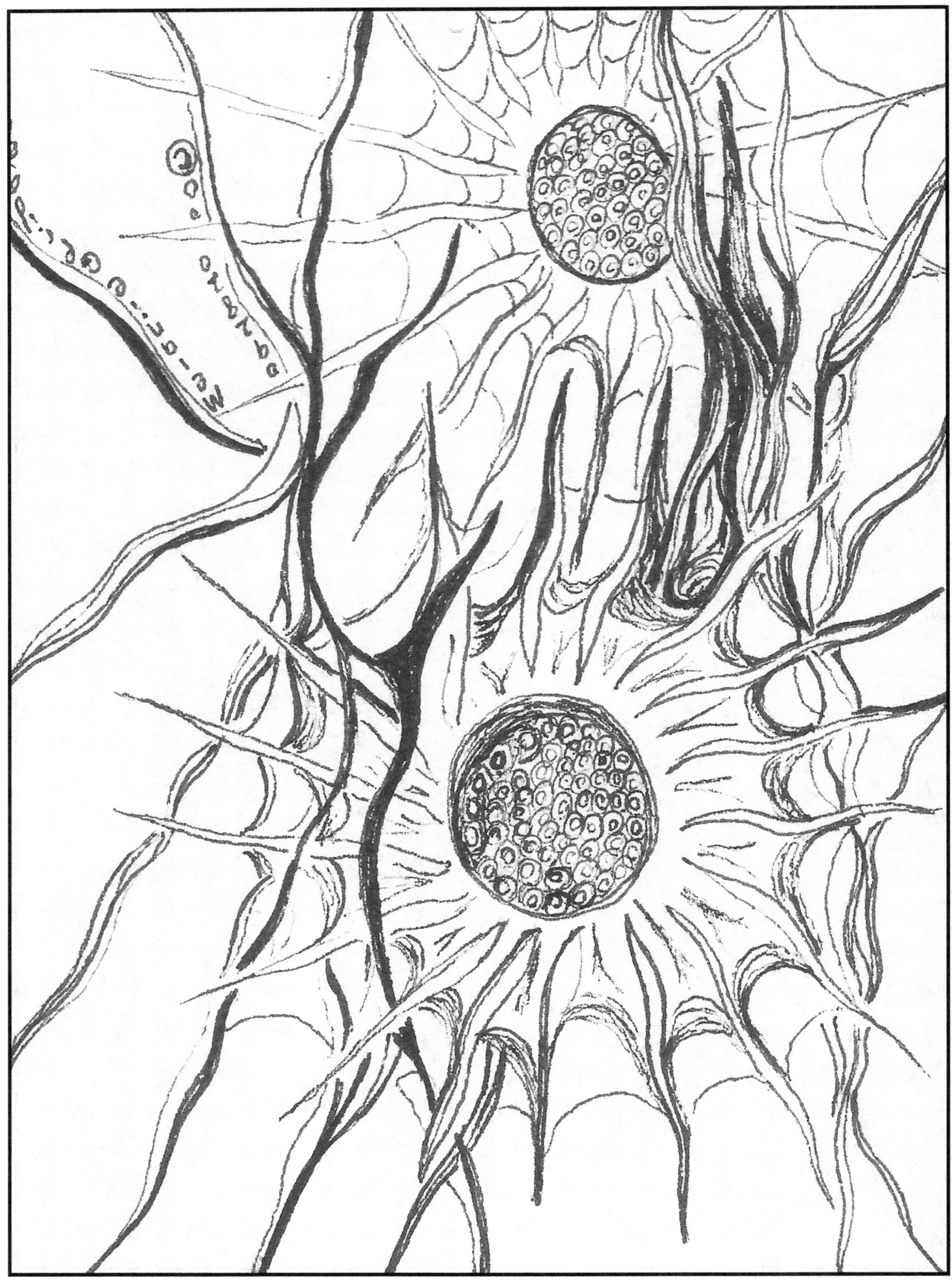

10.17.2000 ©
MelanieGPridgen

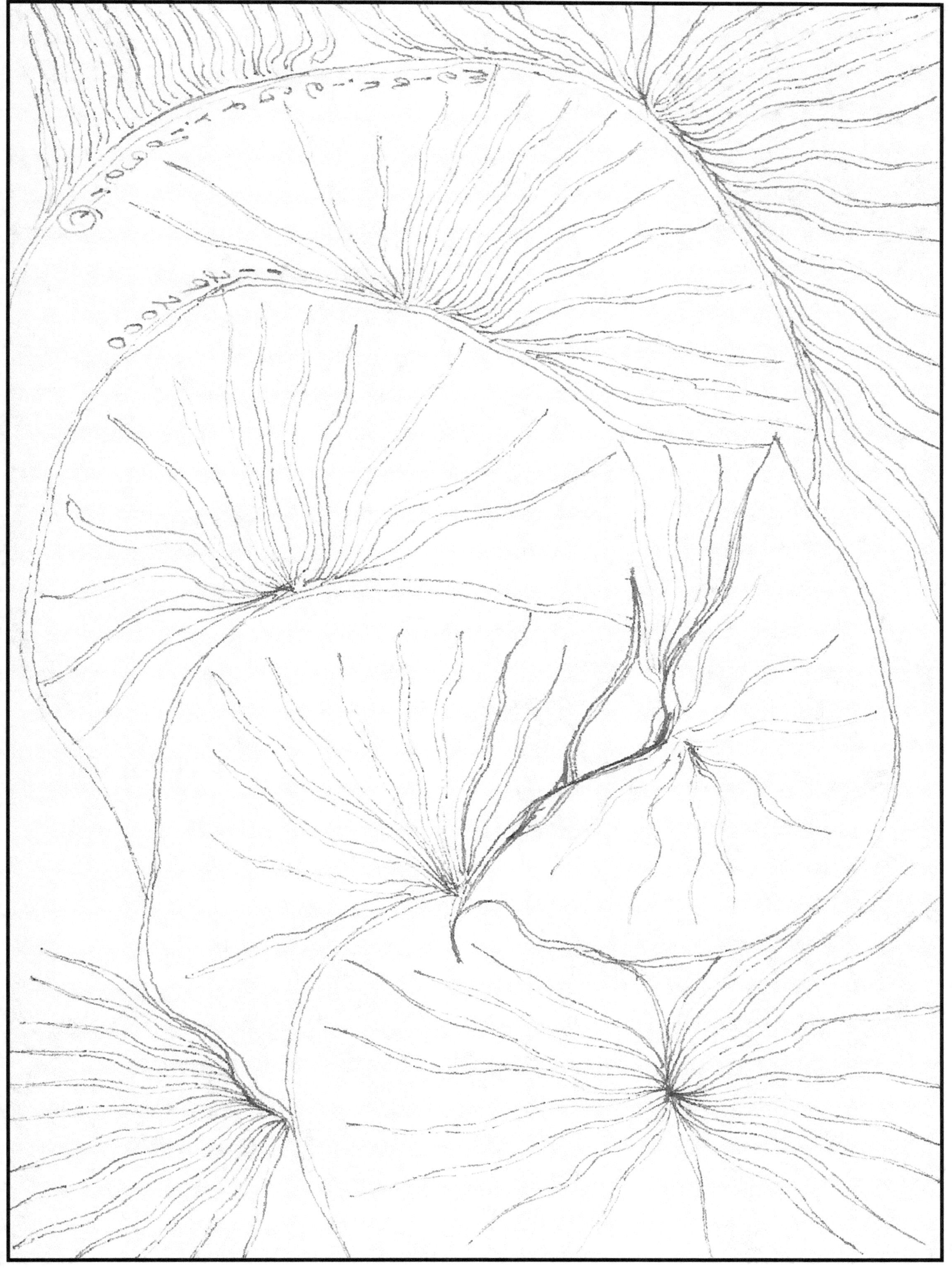

© melanie G Pridgen

Melanie G. priebe
2000 ©

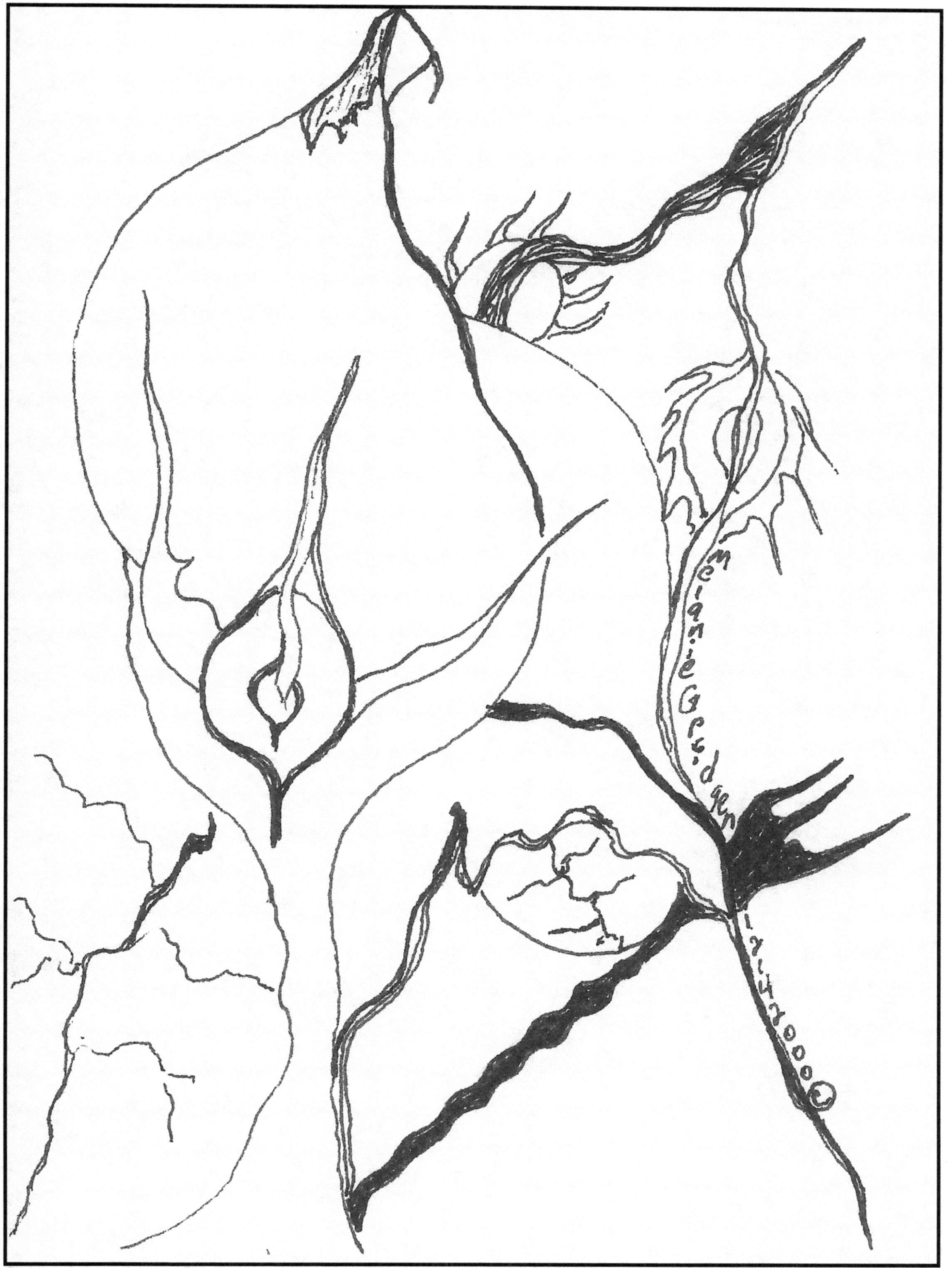

Melanie Gladden
Jan 2000

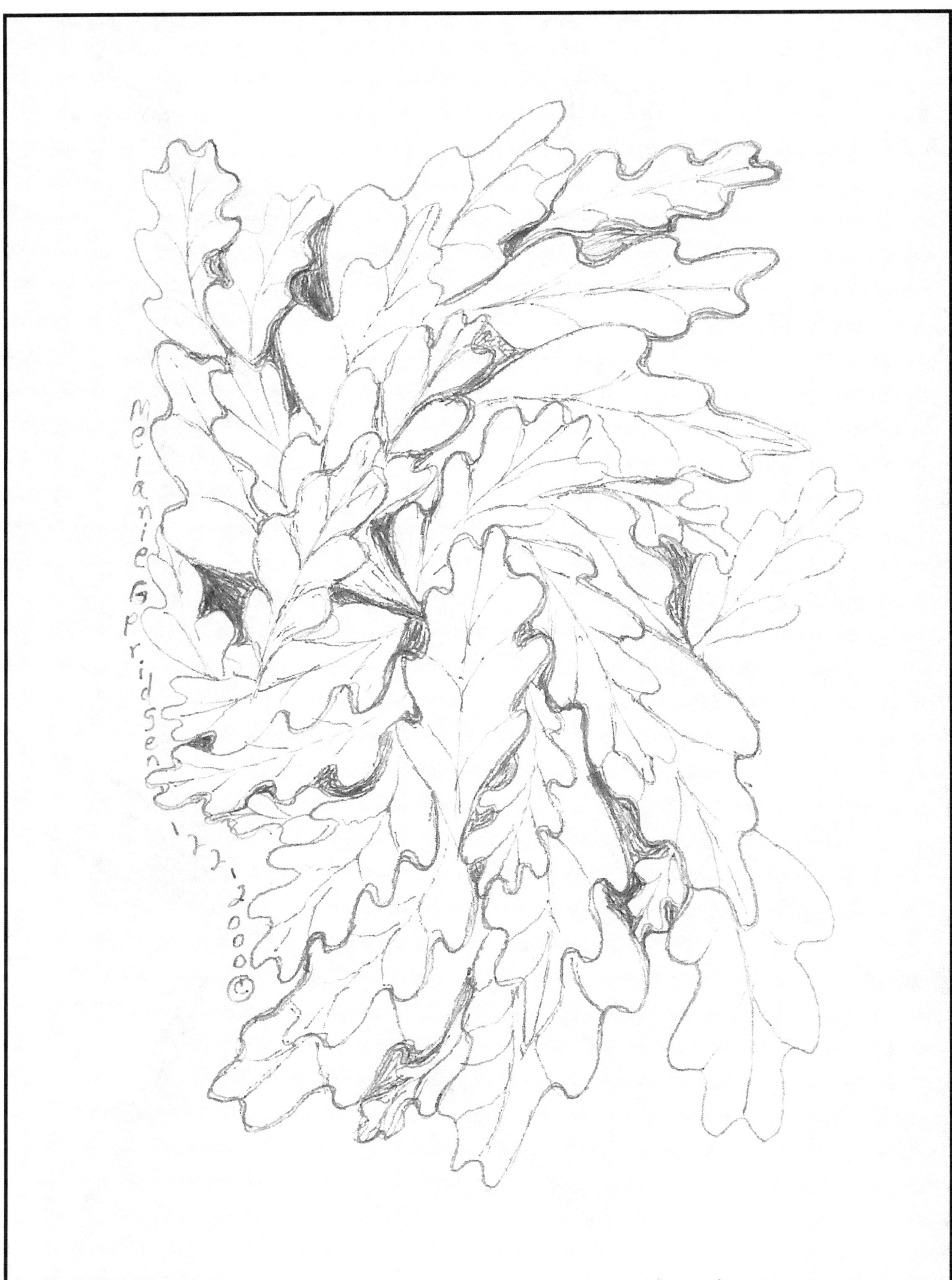

Melanie G. Pridgen